Recorded DSGVO-konfromm 24. und 25. 10. 2020.

AF189220

Cookies ■ annehmen ■ ablehnen

Wer erinnert sich noch an die Coronakrise? Während der es keine größere Bedrohung der Menschheit gab als ein Virus? Ha ha ha, nicht auszudenken, wie naiv die Menschen doch früher im finsteren Mittelalter waren. Heute kann uns das nicht mehr passieren, ehrlich nicht, da sei unser Kaiser Karl II. davor, er schützt uns vor allen Gefahren, gemeinsam mit seiner reizenden Prinzessin Annalena. Um den Aberglauben unlängst vergangener Tage zu dokumentieren und einem abermaligen Rückfall vorzubeugen, hat das SJG-Trio das Geschehen mit einem weinenden und einem lachenden Auge in Wort und Bild festgehalten; der Ton entsteht dann im Kopfe der Leser und Betrachter. Aber Achtung: Der Feind hört mit.

Das SJG-Trio

Stefan Blankertz | Wortmetz | Lyrik & Politik für Toleranz und gegen Gewalt. Seit 1970 | beneidete Vorbilder: Peter Handke, Theodor W. Adorno, Paulina Villarreal | Instrument: monster typewriter | lebt in Wolkenkuckucksheim. (Fehlt nur noch der VK ArnoSch.)

June Cinciarella | die große unbekannte Katze auf dem Kunstmarkt | beneidete Vorbilder: Ago Spin | Instrument: scratching pencil | lebt in Mailand.

feat. **Grüne Fee** | Buberin | Dialog und Projekte für mehr und besseren Kontakt | beneidete Vorbilder: Absinth | Instrument: amplified soul provider | lebt in Wien.

DJ WolfgangB | lebt in Meggen | gilt als der Künstler mit dem betrügerischen Gespür für den rechten Moment | beneidete Vorbilder: O.

Ago Spin | lange mit fast seinem gesamten Werk verschollen geglaubter Künstler-Star (mit dem Zeug, Andy Warhole zu entthronen) der 1980er Jahre | DJ WolfgangB hat ihn ausfindig gemacht | und für die vorliegende Produktion gewinnen können | beneidete Vorbilder: Heinrich Campendonk, André Derain, Max Ernst, Fernand Léger, Max Pechstein | Wohnort unbekannt.

Stefan Blankertz
JUNE Cinciarella
feat. Grüne Fee

Klagelieder auf Klopapier

produced by DJ WolfgangB
artwork by Ago Spin

recorded live 10. X. und 10. XII. in Lost City, Noway
Grüne Fee appears courtesy of IKGIB

edition g. 211

Originalausgabe
edition g. 211
Herstellung und Verlag:
BoD – Books on Demand, Norderstedt
© 2023 by Stefan Blankertz (Text)
und June Cinciarella (Bild)
editiongpunkt.de
Alle Rechte vorbehalten
ISBN 978-3-7481-7144-7

☠️ Achtung! Vorsicht!

☠️ **Betreten auf** eigene Gefahr!

☠️ Es geht um Kunst!

☠️ Nicht weiterlesen,

☠️ nicht **um**blättern,

☠️ Es könnte u^m**be**rührbare Kunscht **um**

☠️ und deren Erwecker gehen.

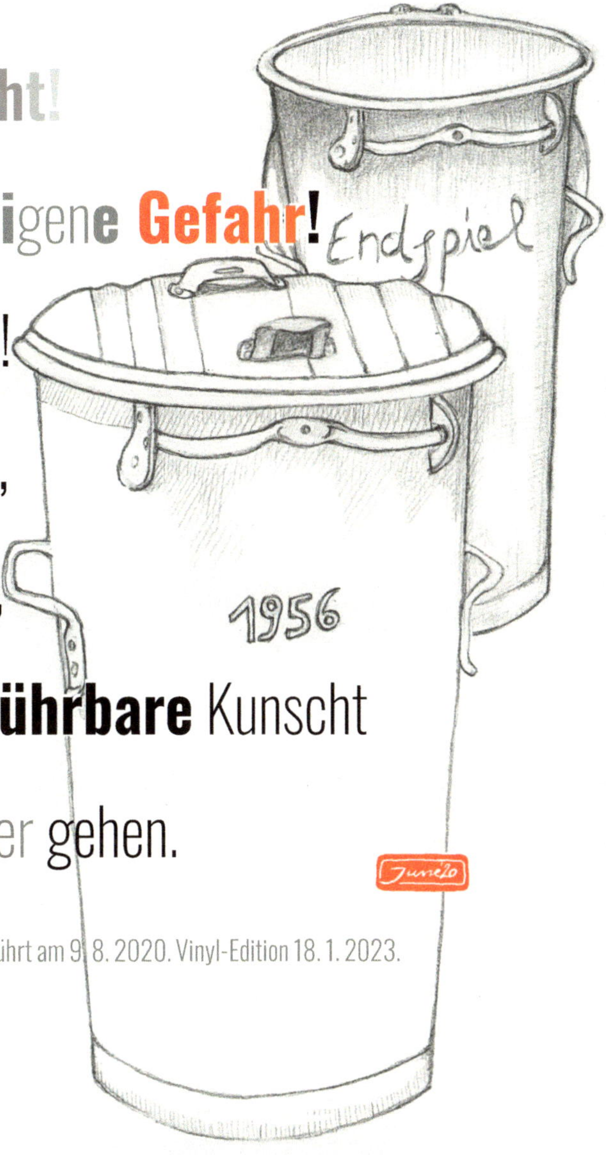

Recorded live: 17. 5., 7. 6., und 7. 8.; neu aufgerührt am 9. 8. 2020. Vinyl-Edition 18. 1. 2023.

Endspiel

1956

Junello

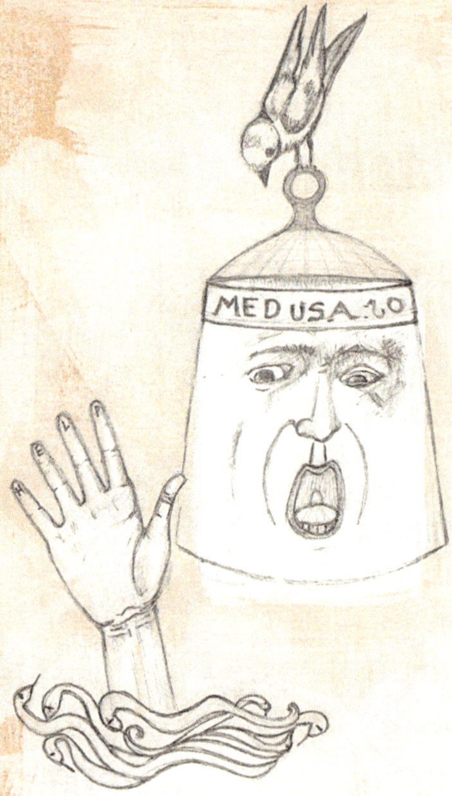

With a little help from my enemies.
Studioaufnahme, 4. 8. 2020.

... aber wir stellen Ihnen gern ein Rezept aus,
da wir nicht systemrelevant sind für Sie.

Side B. »We b-side ourselves« (Siouxsie & the Banshees). Natürlich weiß die Generation Streaming überhaupt nicht mehr, was überhaupt eine B-Saite ist. Früher war alles besser, nicht wahr. Und die letzte Generation? Die hat die B-Satire batteriebetrieben verklebt.

Ein Kapitel aus der Geschichte meiner Kalamitäten Angelika Kauffman **Abschied Abælards von Heloise** vor 1780 Öl auf Leinwand Durchmesser* 65.5 cm Eremitage (St. Petersburg) gemeinfrei via The Yorck Project recorded live 19. 5. 2020 Wenn das kein Grund ist, ein Klagelied anzustimmen

*... dull knives cut better ...

Aus unserer Liste. Abaelard, Heloise und ihr Sohn Astralabius. Der Briefwechsel, der bis zu Romeo und Julia **die** Liebesgeschichte im Abendland schlechthin war, begann damit, dass Abaelard – zehn Jahre nach seiner Entmannung durch Heloises Onkel – eine **Geschichte meiner Katastrophen** (Historia calamitatum mearum) schrieb; und als diese Heloise in die Hände fiel, schrieb sie ihm zurück. Neben – vor! – Thomas von Aquin war Abaelard der wichtigste Philosoph des Mittelalters. Heloise schrieb in einem hervorragenden Stil und war eine erfolgreiche Managerin eines Klosters. Und trotzdem waren sie, verständlicherweise, unglücklich. Wenn das mal kein guter Grund zum Klagen ist.

Im Anfang von Abaelards Bericht über seine Katastrophen (calamitatum wird auch mit **Niederlagen** übersetzt) schreibt er, dass er einen Freund (der offenbar über irgendetwas geklagt hat) »allein über die Erfahrung meiner Niederlagen einen Trostbrief« schreiben wolle, »damit du im Vergleich mit den meinen erkennst, daß deine entweder keine oder nur geringfügige Heimsuchungen sind, damit du sie geduldiger trägst«.

Heloise (Briefkopf: »Ihrem Herrn, ja vielmehr Vater; ihrem Gatten, vielmehr Bruder – seine Magd, nein, seine Tochter; seine Gattin, nein, seine Schwester; ihrem Abaelard – Heloise«): »Den Brief, den Ihr einem Freund zum Trost geschickt, innig geliebter Mann, hat man vor kurzem durch einen Zufall mir überbracht. Da ich ihn sogleich schon nach dem Briefkopf als Euren betrachtete, begann ich, ihn um so leidenschaftlicher zu lesen, je lieber ich den Verfasser selbst umarmen mag, damit mich der, dessen Nähe ich verlor, wenigstens mit Worten – sozusagen seinem Abbild – erquickte.«

& voll aktuell im sapiosexuellen Trend, denn »von Heloise glaubte ich, daß sie sich mir um so lieber hingeben werde, als sie wissenschaftliche Bildung besaß und eine Vorliebe für die Wissenschaften hatte ...«

Recorded live 19. 5. 2020.
Remix by DJ WolfgangB am 5. 2. 2023.

8

Für die »Liste« (»Schandbare Liste«?) sind mir noch eingefallen: Phil Spector, Pop-Produzent, u. a. die erste Tina-Turner-Platte »River Deep, Mountain High«, angeklagt wegen Mordes. Ich weiß nicht, ob die Sache inzwischen geklärt ist, ich glaube, er wurde mangels Beweisen freigesprochen – nein wegen Uneinigkeit der Jury 2007 zuerst auf freiem Fuß, aber 2009 wegen Totschlags verurteilt, seither in Haft. Ab 1989 wegen seiner Leistungen in der Rock and Roll Hall of Fame. Auf Platz 64 der 100 größten Musiker aller Zeiten im Ranking des Rolling Stone. Aber kaum zu beneiden. † am 16. 1. 2021.

Falls wir Selbstmörder in die Liste aufnehmen wollen: David Foster Wallace. Schließlich hatte er einen Bestseller vorzuweisen, aber alles andere als unendlichen Spaß.

Eine Geschichte ist mir noch eingefallen. Am Rande einer Veranstaltung hat mich mal jemand (ich weiß zwar, wer es war, komme aber seit gestern Abend nicht auf den Namen) gefragt: »Wie fühlt man sich denn so, wenn man weiß, dass man erst 50 Jahre nach seinem Tod berühmt wird, wie van Gogh?« Es ist ein Freispiel, ein Bild evoziert immer ein weiteres.

Künstler als Sportler, natürlich und unbedingt ... der Erfolg erst nach dem Ableben ... ich bin dann natürlich noch für Dichter/Künstler in der Psychiatrie und wo Lobotomie deren Werk vermasselt hat. David Helfgott darf auch nicht fehlen. Es gibt zudem eine Liste über Selbstmord bei Künstlern, also welche Künstler sich eher umbringen ... leider sind es Dichter ... will sagen, die Einsamkeit im Kunstschaffen ist bei Dichtern gang und gäbe, aber nicht bei Boyle (hatte gute Familienbindung) ... Einsamkeit ist einer der Gründe ... Mythologie und die Legende des Sisyphos ...

Und dann die Szene in **Tante Julia und der Schreiberling*** von Mario Vargas Llosa, wo der Autor von Radio-Fortsetzungsgeschichten, den Vorläufern der Telenovelas (seit Netflix weiß auch keiner mehr, was das waren, vernetflixt), dem 18jährigen** Nachwuchsschreiberling, der ihm gesteht, Schriftsteller werden zu wollen, mit geballter Faust und gepresster Stimme entgegnet: `Schriftsteller ist der Beruf, den niemand haben will.` (* mal mit Schreibkünstler und mal mit Kunstschreiber übersetzt, beides so falsch wie nur was. **Im Film 21jährig wegen us-amerikanischer Zensur.) Der Satz fällt im Buch gar nicht, nur im Film ... hehehe ... Was eine Recherche so alles zu Tage fördert.

9

Kaiser Caligula von Rom ernannte sein Pferd zum senaTor. Eine vergleichsweise weise Ents cheidung.

CORONA-QUEENDENKER*IN-M-W-D-X

In der

POST-Koronalistischen repoBlick zu Berlin machte man (M-W-D-X) einen lauter klappernden Müller am Bach zur Gesundheitskaiser:in.

Papier auf Farbe. Hintergrundrauschen: Römische Inschrift, neu entziffert.
Mixed by DJ WolfgangB with a little help from his friend DJ JackD, dem Tyoholic,
am 12. 11. 2022 aus Studiokonserve 18. 7. 2019 + live 11. 11. 2022.

10

Wäre ja schlimm, wenn mann nichts zu
beklagen hätte, dann hätte mann ja
was zu beklagen. Immer diese Künst
ler, beklagen sich immer. Was haben
DIE schon zu beklagen? Wir dagegen
erst. DIE sollen sich nicht so haben,
haben doch alles, was wir nicht
haben. Vor allem Hirn, aber keine
Klauen! wenn Ihr versteht, was WIR
meinen (sollten).

11

Schreibmaschine (Olympia, ca. 1940) auf Klopapier.
Hintergrundrauschen: Rückumschlag von Max Frisch, Triptychon, 1978.
I miss the misery. Recorded semi-live 20. 5. 2020.

2020. Die Muse bringt Nachschub an Klopapier. Aus einer undatierten Probe.

12

Nachdem die Kultur wie Dornröschen in einen **tiefen Schlaf** versetzt wurde und keiner weiß, wer oder wie die Kunst/Kultur wieder wachgeküsst werden kann und oder ob ihr das Wachkoma nicht nachhaltig geschadet hat ... könnte im Hintergrund eine Grafik erscheinen mit den Dingen, die wichtiger, begehrter waren und denen einzig noch unserer Interesse galt (der Künstler auf Jagd nach Klopapier ...).

Januar ... man wuhant über China ... noch ...

Februar ... Krankenhausbetten, Intensiv, Beatmungsgerät, Schutzkleidung, Desinfektionsmittel ...

März ... Schutzkleidung, Masken, Desinfektionsmittel, Toilettenpapier, das große Blaumeisensterben ...

April ... Masken, Hefe, Mehl, Desinfektionsmittel, Toilettenpapier, Dosen, Caropulver,* Gummiband, Nähmaschinen ...

Mai ... die Munaske (Mund-Nasen-Bedeckung, da gibt's jetzt Anwälte, die dich verklagen, wenn du sagst, was es ist: die Lüge ist zur Wahrheit geworden ...) ist jetzt auf aller Munde ...

* Als der Welt einziger anerkannter Carosüchtiger war ich vermutlich der Einzige, der den Mangel entdeckte, dass Kaufland keins hatte. Nach ein paar Tagen war die Welt morgens um halb Sieben wieder in Ordnung. Rückkehr zu einer Normalität, die keine sein sollte; doch falls sie gestört ist, fühlt es sich an wie eine Katastrophe. Freilich ist nicht die Störung der Normalität, die keine sein sollte, das Problem, vielmehr die Art der Störung: nicht als Aufstand, als Revolte, als Aufbruch zu neuen Ufern, als Richtung, die als Rote Sonne im Osten aufgeht. Was einst auf den Straßen stattfand und die Massen in den Bann zog, ist heute nur noch Sache der Künstler, die belächelt werden. Man unterhält sie von Staats wegen, nicht mehr die Kirche, das Kalkül ist aber noch dasselbe. Der Künstler wird alles & jeden kritisieren, in den Schmutz ziehen, Kübel von Spott auskippen, doch einen immer verschonen, nämlich den, dem die Hand gehört, die ihn nährt. Oder das Caropulver reicht. Mal ehrlich: Wollten wir denn lieber unter einem Regime leben, das uns verfolgt, foltert und tötet, nur damit unsere Kunst wieder echt werden kann? Dem Publikum könnt's so passen, mir nicht. Der Staat ist das Virus, wir haben uns häuslich eingerichtet und wollen aus dem Dornröschenschlaf überhaupt nicht wachgeküsst werden, & sei die Muse noch so schön.

Mailrausch mit JUNE. Aus der Geschichte der Kalamitäten.
Recorded live 18. 5. und 9. 7. 2020. Aufgepimpt am 18. 2. 2023.

Dante Jane ... Recorded live 7. 8. 2020, feat. *Szime Fee.*

14

frisch von der Rolle
Latrinen bla Bla
die Kunst im Dornröschenschlaf
wer sie erwecken mag?
Kannst du dir vorstellen,
        ein Leben ohne Kunst und Kultur
denn alles was Wir tun ist fürn Arsch
Frisch von der Rolle
bleibt uns nur noch Latrinenblabla

- JUNE Klosett --

⊏ ⊟ ⌐ ⊙ ⊓ L ½ ¼

Die gewaltige Schreibmaschine hat einen Wagen, der DIN-A3-Bögen queer aufnimmt und über einen mechanischen Tabulator verfügt. Und die Tastatur zeigt einige Sonderzeichen, die nicht selbsterklärend sind. Vermutlich eine Sonderanfertigung für Inventurlisten.

Klopapier hinter Monster.
Hintergrundrauschen: Rückumschlag von Max Frisch, Triptychon, 1978.
Recorded live 20. 5. 2020.

Fein machen für den Phototermin. Das muß hier ein8ges
stehen, aber es ist nicht wichtig, was, denn aufdem
Photo kann man eh nicht lesen, was hier s eht. Das ist
genauso wie b4i dem Blindtext. Aber wer kann schon lo re
ipsum und so w3iter auswendig. Reinkopieren geht ja
hier nicht, also was ausdenken, damit die Seite nicht
etwa leer aussieht.

Monster mit Monsterprodukt. Recorded live 15. 1. 2023.

Lerne zu klagen, ohne zu leiden. Sagte
mein erster Chef, 1986. Doch realistisch
ist, dass wir leiden, ohne zu klagen,
nicht aus Tugend, sondern aus Scham.
Können wir dann keine Klagelieder schreiben
Nur verklausoliert. 2019, kurz bevor
er den Nobelpreis bekam (kriegte),
schrieb Peter Handke das Theaterstück
"Die Unschuldigen, ich und die Unbekannte
am Rande der Landstraße". Worum geht
es? Darum, daß der Autor sich über
mangelnde Aufmerksamkeit beklagt. WAS
HAT D E R SCHON ZU BEKLAGEN? Mit den
Rache-Gewalt-Fentasien "Das doppelte

Schwert" legt er 2020 nach, nach
Erhalt des . . . Schreiben ist
das zweite Schwert (das Buch heißt
"das zweite Schwert", nicht das
DOPPELTE Schwert). Auch das Schwert
zweiter Klasse? Zweiter Wahl? Was
für blasphemische Fragen, wenn man
keine Wahl hat. Nota bene: Im Anfang
war von "wir" die Rede und nun von

          m a n

Wenn sich selbst jemand beklagt über mangelnde Aufmerksamkeit, der den Literatur-Nobelpreis geKRIEGt hat, was sollen erst WIR?!

fuh"

sagen
klagen

¿aber **warum** sollten klagen sexy tönen? ¡was für'n anspruch!

Hintergrundrauschen: Notizbuch, Lesebändchen, Korkumschlag.
Recorded live 29. 5. 2020. So richtig **sexy** tönt das noch nicht. **Neu abmischen?**

Peter **Handkes** Notizbücher hat das Marbacher Literaturarchiv angekauft. Meine stehen verschreckt in der zweiten Reihe in meinem **Regal**.

19

SB-Notizbücher 2006-2020.
Recorded live (ohne Publiscum) am 13. 8. 2020 by DJ WolfgangB. (Vermutlich Fälschung.)

Platon entwirft in seinem »**Staat**« ein Gemeinwesen, das von speziell ausgebildeten Philosophen optimal geleitet wird. Es sind Menschen (Männer und Frauen, in der Hinsicht machte er keine Unterschiede), die von Geburt Begabung mitbringen, einen gerechten Charakter haben und mit der Grundtugend der Wahrheit ausgestattet sind. Aber oh weh, wenn sie nur geringsten Prisen von Dichtkunst ausgesetzt werden, werden sie unmittelbar zu entarteten Abtrünnigen, denn die Dichter sind in nichts geübt als im Lügen. (Aber gemach. Mario Vargas Llosa spricht von einer **Wahrheit der Lüge**, welche den Dichtern eignet. Wie tröstlich.)

Mailabtauch mit June. Aus dem Gericht der Kalärmitäten.
Recorded live 18. 5. und 9. 7. 2020.

¡... wenn das kein grund zum klagen ist ...!

21

Achtung! Faktenchecker haben den Inhalt überprüft, und es wurde festgestellt, dass ein ähnliches Bild anderswo bereits als Fälschung identifiziert wurde. Am 5. 1. 2023.

Toilettenpapier auf **Latein** ist lustig, nur, soweit ich weiß, gab es da keins … unserer deutschen Tugend ist es zu verdanken, dass wir nun Romane auf kostbarem flauschigem weißem Gold schreiben … denn ein Japaner würde es jetzt befremdlich finden: in vielen Ländern benutzt man Wasser, aber kein Papier … Die Römer haben auf ihren öffentlichen Latrinen ja praktisch ihre Tagesnews ausgetauscht, gemütlich nebeneinander. Die Inschriften in den Latrinen, na, das macht Freude, sie zu übersetzten … ich dachte mit so einem historischen Exkurs … da könnten wir die »**German Angst**« entschlüsseln, weshalb wir Hamstern … fällt mir auf, dass es mit dem »Sturm und Drang« (bitte beachte das Wortspiel, vielleicht findet sich ja etwas Aktuelles z. B. »Angst-und-Drang«-Latrinengeschichten …). Es ist bloß ein Gefühl, aber für mich wird ab da der Begriff »deutscher Künstler« zu … Klagen, Angst … Einsamkeit … Kaspar David Friedrich … Goethe mit Werther … das kenne ich aus Italien nicht, dieses Beklagende mit Hang zur Depression … im Vergleich zum Barock, katholisch-italienisch, ist der Deutsche karg-protestantisch und versteht nichts von Lust und Wollust … wir klagen und beklagen uns schon seit Jahrhunderten. Habe mir eine Szene ausgedacht, in der ein paar Künstler vorkommen, Toulouse-Lautrec und Kumpels in Paris, heute der Inbegriff von Künstler, aber auch die hatten zu kämpfen mit dem Salon de Refusés: ¿Was ist Kunst? und wer entscheidet ob ¿klassisch oder entartet? (Großes Thema.) … Lautrec & Co. haben sich gerne den Drogen hingegeben, als Inspirationsquelle … z. B. **Absinth**, die 𝓖𝓻𝓾̈𝓷𝓮 𝓕𝓮𝓮, so als Vernunft-gespräch, das der verzweifelte Künstler anruft, wenn er im Leid ertrinkt … ich hoffe, es gefällt dir, denn ich möchte unbedingt die Meditation als Raum schaffen, integrieren; deswegen müssen wir die Grüne Fee einladen, mitzulachen. Also ich habe die Szene. Toulouse Lautrec. Den Esel bekommst du in deinem Klagelied. Dann werde ich den Esel mit den zwei Haufen malen und dich bitten, etwas zu diesem Bild zu schreiben, als Gespräch Du und Ich. Ganz zum Schluss von meinem Zeugs kommt noch eine »Geschichte hinter der Maske«, dort gibt es Gedanken zu Künstlern, die auch Mörder geworden sind, wie Caravaggio, Selbstmörder, ¿auch van Gogh?, Massenmörder wie Adolfine Hitline … also Kunst wird oft aus Leid ge-boren und einige davon werden selber zu Tätern. Das ist meine Anklage gegen Künstler, die getrennt von ihrem Werk betrachtet und geachtet werden und warum eigentlich?! Die Auflösung lasse ich offen , will

nur sichtbar machen …

Mailaustausch mit June. Aus der Geschichte der Kalamitäten.
Recorded live 18. 5. und 9. 7. 2020.

22

Absent. *Ezine Fox* solo.

Recorded live 7. 8., remixed by DJ WolfgangB 11. 8. 2020.

Klopapier
Chinesisch: 衛生紙 (wèishēngzhǐ)
Esperanto: neceseja papero
Finnisch: ugs. vessapaperi, vulgär paskapaperi
Isländisch: salernispappír m
Italienisch: carta igienica f
Japanisch: トイレットペーパー (toilettopēpā)
Maori: whērū
Russisch: туалетная бумага (tualetnaja bumaga) f
Walisisch: papur tŷ bach m

GF – Gisela Färber, Mädchenname von SB's Mutter. Eingescanntes Leinenhandtuch.

Allerleirauh Einblicke in die Sprachlogik. Recorded live 29. 5. 2020.

Gedichte müßten genausowenig
gelesen werden, um sozial
reinigend zu wirken, wie man
Bäume anschauen müsste, um
deren frische Luft zu atmen,
schrieb jemand. Ein Dichtr?
Ich könnte es googln. Ich
weiß, wo ich es gelesen habe
(im Nachwort zu Ezra Pounds
dreisprachiger Gesamtausgabe
der "Cantos" zitiert). Aber
wenn der Nobelpreisträger
so kryptisch zitieren darf,
warum nicht WIR. Quod lizet
Bovi, non licet Jovi? - Also
der da pfiff nicht im dunklen
Wald, sondern aus dem letzten
Loch, so wie letztlich WIR
--- a l l e ---

Schreibmaschine auf Klopapier.
Hintergrundrauschen: Rückumschlag von Max Frisch, Triptychon, 1978.
Recorded live 29. 5. 2020, feat. *Grüne Fee*.

Ago Spin, Summer in the city,
as seen by DJ WolfgangB. (Last minute editing 19. 2. 2023.)

26

... also jetzt zu richtiger KUNST ...

Ago Spin, **Ratte in Aspik**, das lange verloren geglaubte Meisterwerk.
Wiederaufgenommen am 30. 5. 2020 von DJ WolfgangB, feat. Grüne Fee.

JEDER MENSCH IST EIN KUENSTLER, SAGTE UR-DJ JOSEPH8. OB MIT FETT ODER SEKUNDENKLEBER. ANGRIFF AUF RATTE IN ASPIK VON DER VORLETZTEN GENERATION. 11. 11. 2022. 23:11 UHR.

Bei deiner Beschreibung und deinen Texten denke ich natürlich auch an die Liebe und Kunst ... wir beschreiben den Tod, da ist die Liebe die »andere« Schwester.

Um sozusagen einen Bogen zu schlagen, wäre die Erwähnung von Dantes **Paulo** und **Francesca** auch cool, ich könnte ja an einer Stelle auf deiner Seite, also wo du es für richtig hältst, so eine Sprechblase aus einem Mauseloch schreiben: »Ja, die Liebe ist der Motor der Kunst ... lieber Autor, ¿weißt du noch, wie es Paolo und Francesca erging?« ... damit wäre dann nämlich auch das religiöse Thema aufgegriffen. (Dantes Muse hieß **Beatrice**, der Name natürlich auch religiös gewählt, die Maus gab es aber wirklich und heute hätte er sicher eine Anklage als Stalker gekriegt #MEETOOOOOOO#). Der größte Arbeitgeber für Künstler war die Kirche. All die Werke, die uns entgangen wären, auf der anderen Seite, die freie Entfaltung eines Künstlers, der nur mit religiösen Themen jonglieren darf!?!

Auch hier Caravaggio: Als Vorbild für die **Madonna** nahm er eine ertrunkene Dirne, frisch aus dem Tiber gezogen, es war ein #SKANDAL#

Gegen Ende deines Textes würde ich dann gerne noch so eine kleine Sprechblase einfügen mit Referenz auf dein schon geschriebenes Buch, das KunstWerk überlebt, indem es als Brotpapier genutzt wird.*

* Die Päpstin Mayfreda Pirovano, die die weibliche Inkarnation Gottes, Guglielma, auf Erden vertrat, wurde von der Inquisition um 1300 in Mailand angeklagt, die Bewegung zerschlagen, bis auf eine kleine Gruppe von Mönchen, die an der Heiligkeit Guglielmas festhält. Wir wissen über sie nur über die Akten des Prozesses. Und diese Akten sind bruchstückhaft überliefert, weil ein Bäcker Jahrhunderte später seine Brötchen darin verpackte, bis jemand die Bedeutung erkannte und dem Bäcker sein Brotpapier abschwatzte. Statt wie geplant ein weiterer Historischer Roman wurde daraus ein Science Fiction, **Du sollst nicht töten**, 2011 geschrieben (edition g. 203) und heute gehen wir der Zeit entgegen, die darin beschrieben wird. Ein Bürgerkrieg in und um Berlin. Er war nicht als Prophetie gedacht und noch ist Zeit, zu verhindern, was geschrieben stand und statt aus einer Lüge die Wahrheit zu machen, würde aus der Wahrheit eine Lüge.

¡... wenn das kein grund zum klagen ist ...!

Mailaustausch mit JUNE. Aus der Geschichte der Kalamitäten.
Recorded live 18. 5. und 9. 7. 2020.

28

Anscheinend hat jeder Text
– (auch jedes BILD?) –
mehr Quellen,
als er in seiner eigenen Begrifflichkeit
rekonstruieren kann.

                    Judith Butler, 1990

29

Judith-Butler-Cover. Schreibmaschine auf Servietten-Rückseite.
Recorded live 11. 8. 2020, w/ guest stars from The Hu.

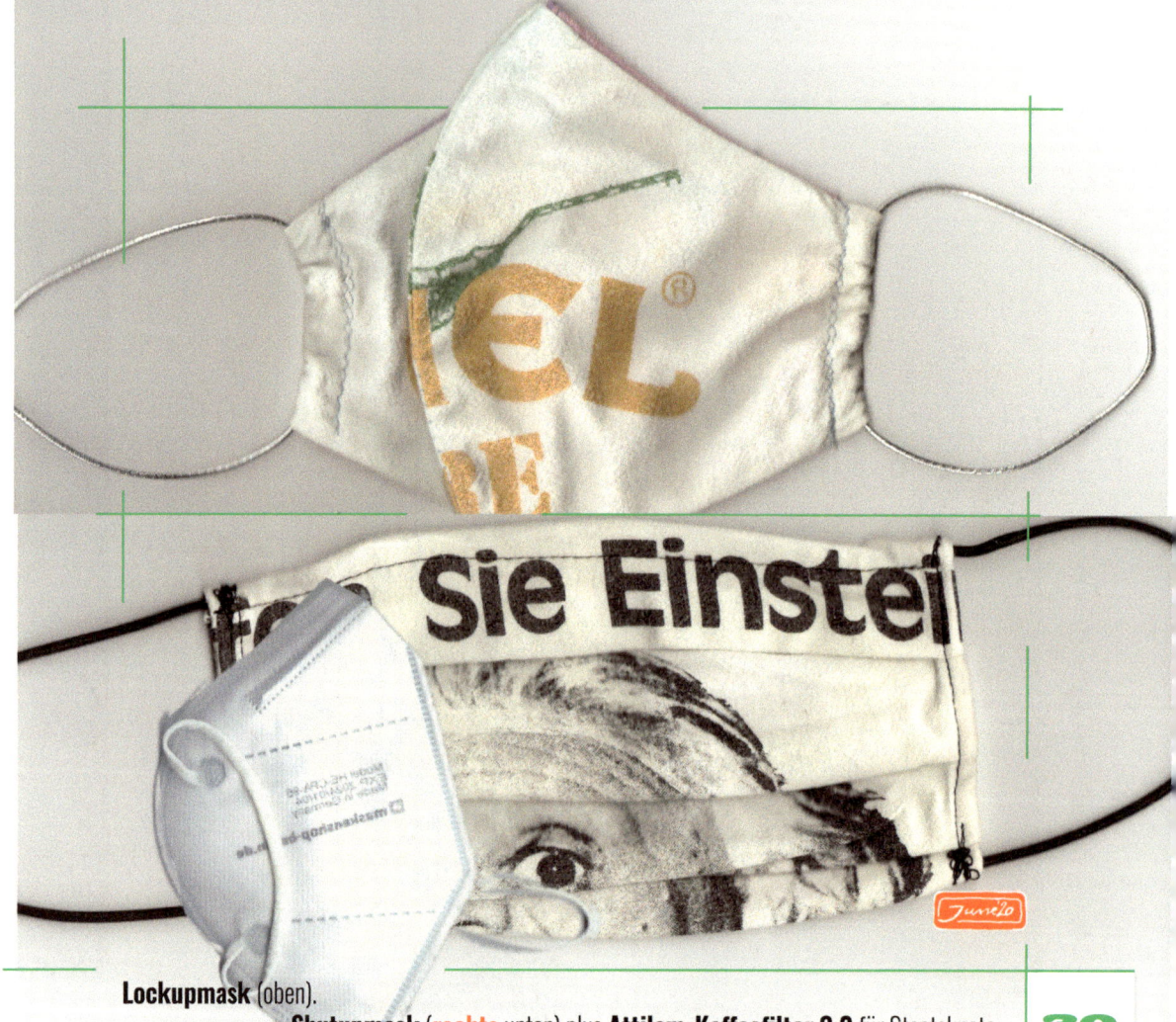

Lockupmask (oben).
Shutupmask (**rechts** unten) plus **Attilem-Kaffeefilter 2.0** für Staatsknete.
Recorded live 24. 2. 2020, feat. *Grüne Fee*. Digitally dubbed by DJ WolfgangB 20. 2. 2021.

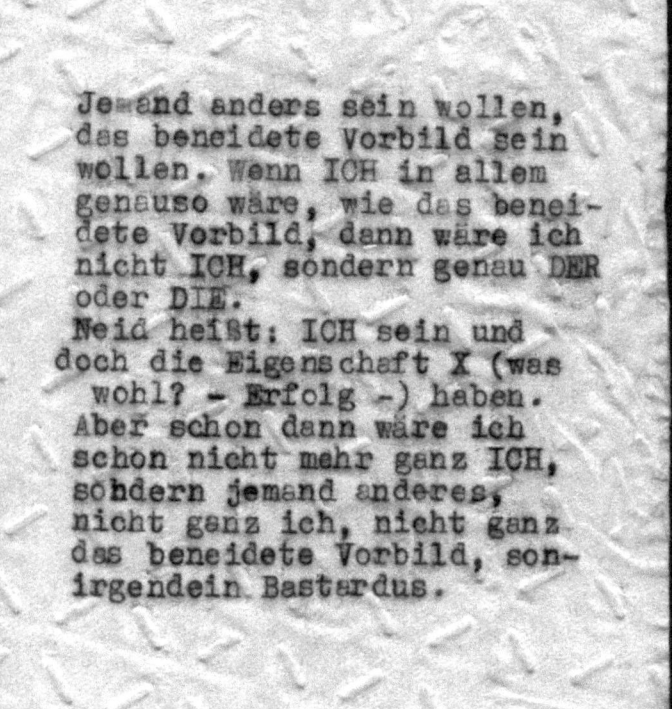

Je_and anders sein wollen,
das beneidete Vorbild sein
wollen. Wenn ICH in allem
genauso wäre, wie das benei-
dete Vorbild, dann wäre ich
nicht ICH, sondern genau DER
oder DIE.
Neid heißt: ICH sein und
doch die Eigenschaft X (was
wohl? - Erfolg -) haben.
Aber schon dann wäre ich
schon nicht mehr ganz ICH,
sondern jemand anderes,
nicht ganz ich, nicht ganz
das beneidete Vorbild, son-
irgendein Basterdus.

Schreibmaschine auf Klopapier.
Hintergrundrauschen: Rückumschlag von Max Frisch, Triptychon, 1978.
Recorded live 29. 5. 2020.

RIP
MASKE
*27. 4. 2020
†2. 2. 2023
THEY NEVER
COME BACK

Das andere Notizbuch, aber gleiche Lesebändchen.
Studioaufnahmen 7. 9., 14. 9., 2. 11. 2020 und 16. 1. 2023.

was philosophie möchte, ihr eigentümliches, um dessentwillen ihr die darstellung wesentlich ist, bedingt, dass all ihre worte mehr sagen, als jedes sagt. das schlachtet die technik des jargons aus. theodor w. **adorno**, 1964.

Studioaufnahme, undatiert, Remixed 15. 1. 2023.

Livestream, 16. 1. 2023.

34

P A U lina

Es ist Lockdown. Da sitzt
du, zufällig in Monterrey,
Mexico, und bist nostal-
gisch. Dir fällt ein Lied
ein, das du DAMALS ge-
schrieben hast, setzt dich
ans Klavier und singst es.
Es erzählt von der bösen
Welt, die dich nicht
versteht und runtermacht.
Du bist 18.
DAMALS, da warst du 14.
JETZT schaust du auf
sechs Jahre Bühnenerfahrung
zurück. Eine so wunder-
volle Komposition.
------------ -- -- - NEID-- ---

DJ LeoNj, historische Aufnahme, digitally remastered von DJ WolfgangB, 14. 1. 2023.

Ab welchem Alter fand
Tolstoi Altern coool?
Nicht daß ich bei den
neuralgischen Daten 3
0, 40 - middle age cr
azy von Jerry Lee Lew
is fand ich mit 20 ge
il - 50, gar 60 beson
ders gebeutelt worden
bin. Aber Altern hat
auch Nachteile. Frühe
r konnte ich denken,
später würde ich berühmt.
Jetzt ist der Zug abg
efahren und ich blicke
zurück in Zorn (auch
so ein Oldie. "Alter
ist Freiheit und geistige
Freude" (T., 1904-5)
hat mir in meiner Ju
gend die Angst vor d
em Altern genommen.

Pau the Shredder, recorded live 14. 3. und 23. 6. 2020.

Pau(lina VillarREAL), 18
seit 6 Jahren auf der Bü
hne, Pau the Shredder, g
efragt, was sie ihrem fr
üheren Ich (welches Alte
r?) raten würde. Antwort
: mehr üben, härter arbe
iten, mehr lernen. Wow...

Was würde icg meinem früheren
Ich raten: Nicht gegen
Wände rennen. Mit dem Strohm
schwimmmen. Knete machen.
Egal, w s aus der Welt
wird, die will eh nicht
höhöhören, was ich ihr
für unweise Ratschläge
gebe. Rarschäge sind eben
auch Schlage. Basta. Nimm,
was sie dir bietet. Basta

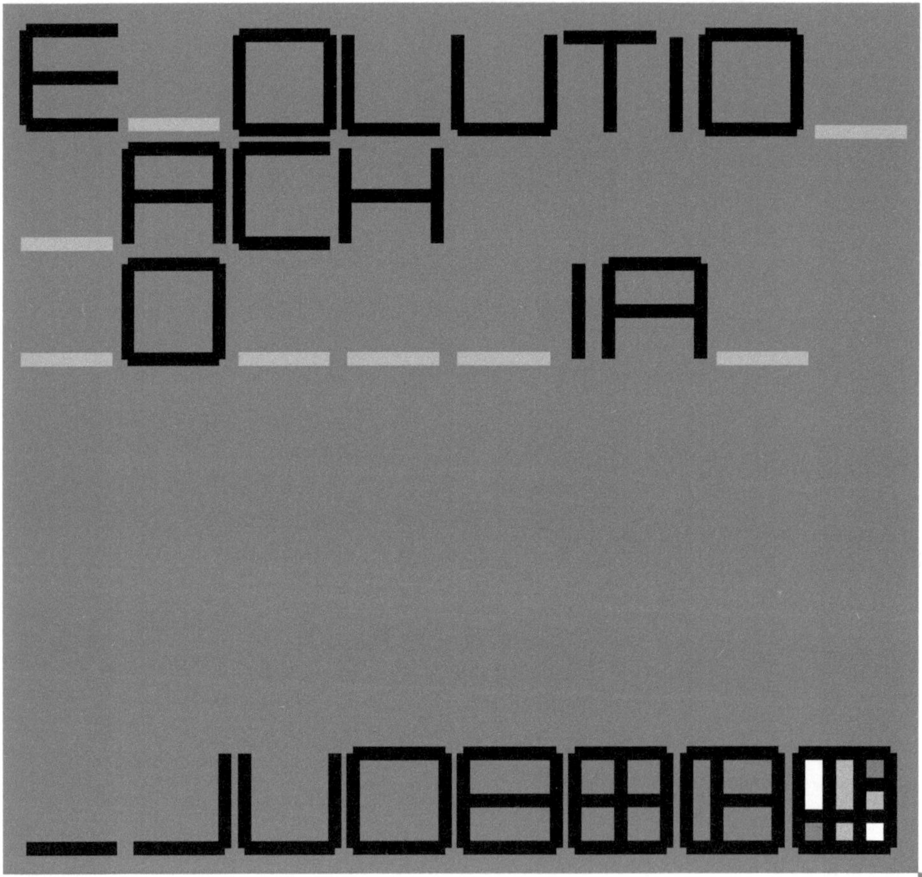

E_OLUTIO_
ACH
O____IA_

_JUOBBBBBB

Evolution nach Mondrian… Recorded live 17. 7. 2020.

40

...denn eine Freundschaft aufzugeben wegen queerer Linien, nun ja, das muss man wollen.

PIET UND THEO
WAREN FREUNDE
BIS THEO ENTDECKTE
DASS SCHRIFTEN
MIT pariser Rundungen besser kommen. Was für ein **STIL**loses Ende einer Freundschaft. Wenn das kein Grund zum Klagen ist.

... also jetzt zu **richtigem** STILL ... (allerdings konnte DJ WolfgangB es doch nicht lassen, seine Fälscherpfoten in den TvD-Font einzuschmuggeln)

41

Recorded live 13. und 14. 7. 1919. Digitally remastered Mitte Januar 2023.

WAREN FREUNDE MIT DAS SCHRIFTEN

BIS THEO ENTDECKTE

Das kleine **e** auf der Suche nach einer Freundin.

obwohl sie die diagolae verabscheuten, benutzten die Puristen in ihrer zeitschrift DE STIJL ein solches **e** für den fließtext

Recorded live 16. 7. 2020 w/ guest star Hugo Ball.

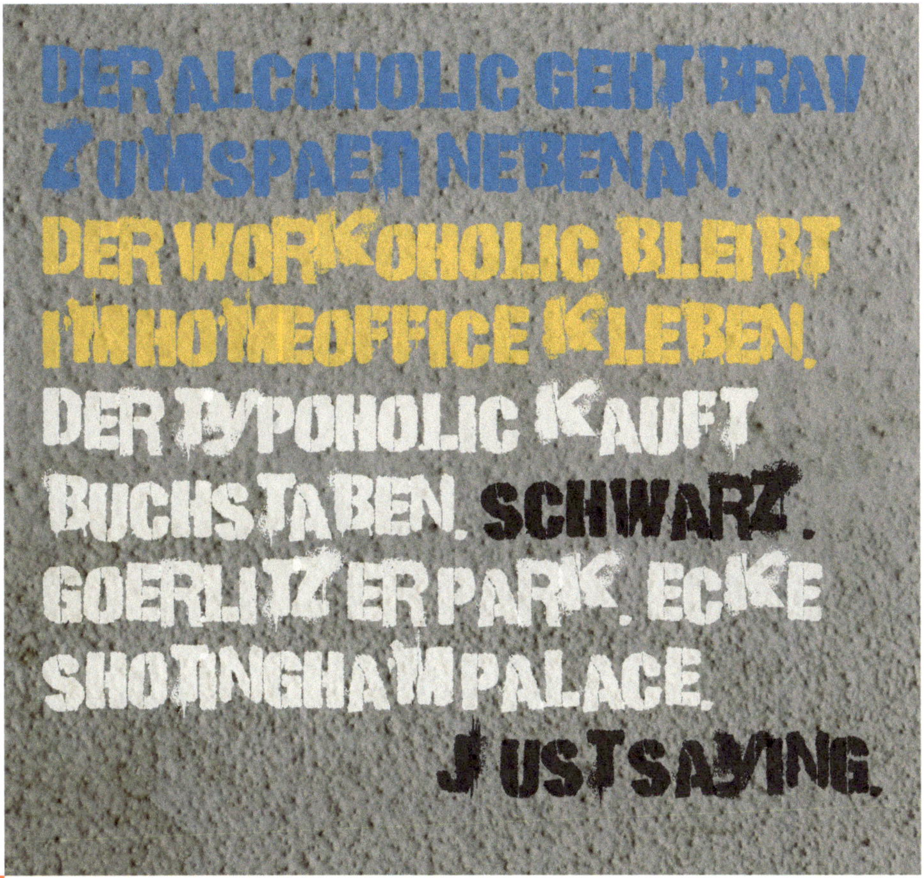
DER ALCOHOLIC GEHT BRAV
ZUM SPAETI NEBENAN.
DER WORKOHOLIC BLEIBT
IM HOMEOFFICE KLEBEN.
DER TYPOHOLIC KAUFT
BUCHSTABEN. SCHWARZ.
GOERLITZER PARK. ECKE
SHOTINGHAM PALACE.
JUST SAYING.

also, diäs hat käin **ä** das derrida'sche e sozusagen

Räcärdäd livä 12. 11. 2022 w/ guäst star Pipä Smokin' Mama Gritt. Enhancäd audio.

das ätzende krächzen des getroffenen raben, demoaufnahme ostia studios, am 2. 11. 1975,
gefälschte nachstellung von DJ WolfgangB im stillen kämmerlein am 11. 1. 2023.

44

P P Pasolini

DER ZORN

Bei den (Staats-)
Kommunisten war er
    un wohl
falsch.
        O jeh,

Stalin hätte ihn
        un wohl

erschießen lassen
da hätte er (un) wohl
gar nicht erst auf
einen Giggolo
                warten

    müssenbrauchen

Sorry, sag mal, können wir nicht das Bild von Ago Spin als Kontur nehmen und in dem Bild einen kleinen Text verfassen über einen New Yorker Künstler ... nur ein Werk ... verschollen ...

Also praktisch Text, der sich an seiner GeschichtsGrenze ausmacht und Brille-Nase-Mund sind dann sichtbar, das macht ihn noch ein wenig verwegener. Am besten wäre, wenn wir es noch so verfremden könnten, dass es zum Spiegel für den Betrachter/Leser wird ... denn sind wir nicht Alle Ago Spin?, die ohne Erfolg und auf das eine große Werk warten oder es ersehnen; es würde uns aus der Unbedeutung heben; ist dennoch ganz schön viel verlangt für ein Werk/Kunst. Es bleibt die Frage, ob Kunst dafür da ist, seinen Erschaffer zum Rum zu führen? oder ob nicht jedes Werk nur eine einzelne großartige Episode ist, die nur durch das Herausbringen aus den Tiefen unserer Selbst lebt, um dann leise wieder zu verschwinden und für Neues Platz zu machen? ...

Preise , Orden, Anerkennung sind nur eine von außen angeordnete gesellschaftliche Konvention. Zeichnet es das Werk, den Künstler oder beide aus?

Habe fertig, Flasche leer ...∂∂

Das unvollendete Klagelied. Aufnahmedatum unbekannt.

Skandal. DJ WolfgangB wieder beim Fälschen erwischt!
Das berühmte SJG-Trio ist das Opfer!

DJ Wolfgang B hatte angegeben, das verschollene Meisterwerk **Ratte in Aspik** des mysteriösen Künstlers Ago Spin aufgefunden zu haben. Doch in Wirklichkeit handelt es sich, wie Ago-Spin-Kenner inzwischen unzweifelhaft festgestellt haben, um einen Ausschnitt aus Spin's Werk **Ursuppe** … Alles Weitere erfahren Sie im kostenpflichtigen Teil unserer Online-Ausgabe.

Das SJG-Trio entschuldigt sich.

Bei dem auf S. 27 abgebildeten Bild handelt es sich **nicht** um das Bild **Ratte in Aspik** von Ago Spin, das mindestens ebenso gesucht wird wie die Blaue Mauritius, sondern um das ebenso meisterhafte Bild **Ursuppe**, bei dem es sich aber nicht um ein verschollenes Bild handelt. Diesen neuerlichen Bild-Betrug von DJ WolfgangB erfuhren wir erst nach Redaktionsschluss und bedanken uns für das Verständnis der Bild-Leser.

DJ WolfgangB, solo. Studio-Ausnahme 25. 10. 2020.

Wir geben Coronalosen ein Gesicht.
Gruppenbild ohne Böll,
aber mit verlorener Ehre.

Demoaufnahme vom 11. 7. 2020.
Remix by DJ WolfgangB, 31. 1. 2023.

... denn eine Freundschaft aufzugeben wegen queerer Linien, nun ja, das muss man wollen.
(Das ist ja verfuselt, gehört hier gar nicht hin.)

Nachtrag aus dem Homeoffice.
Gruppenbild mit Panzer,
aber ohne Ehre.

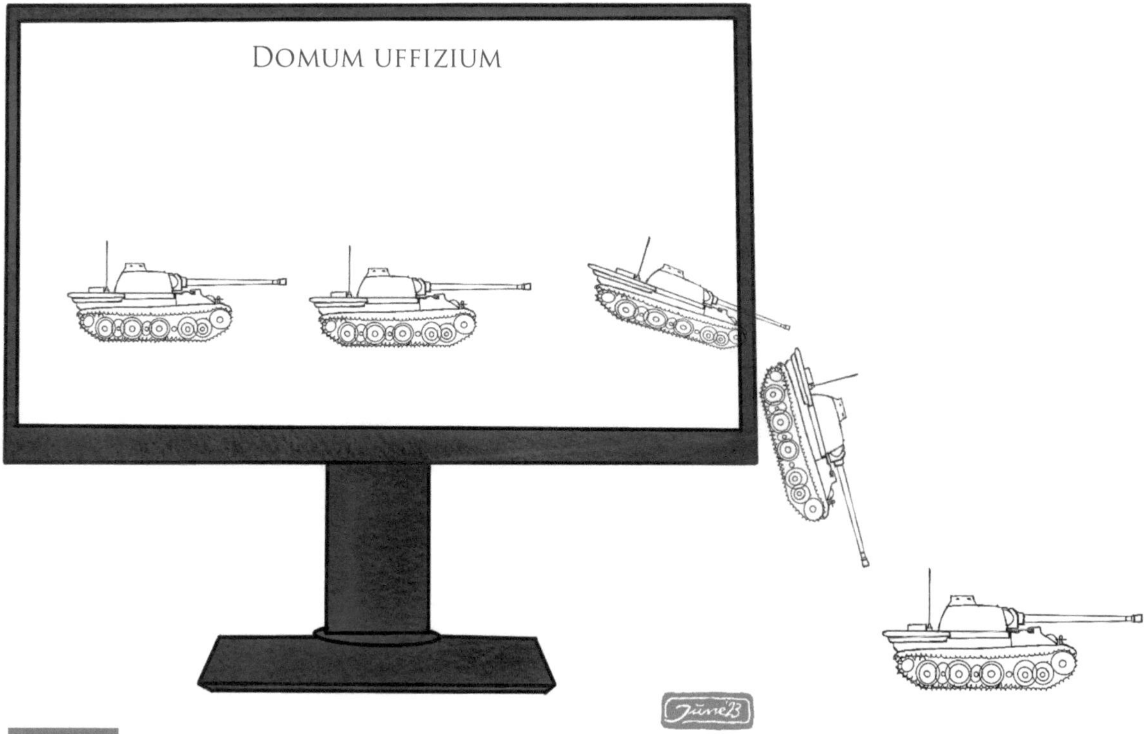

DOMUM UFFIZIUM

Mit Klopapier live vor Ort, aber ohne Plan, außer dem, maximalen Schaden anzurichten, 27. 1. 2023.

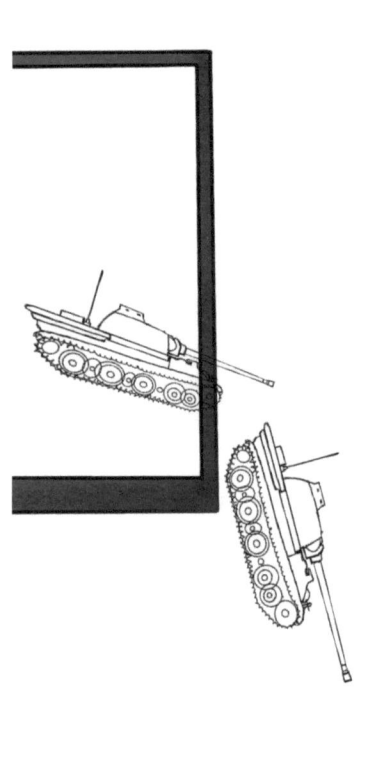

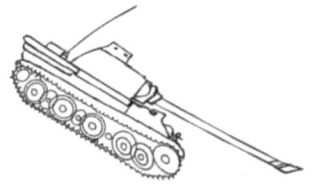

50

Dorminator uffizii

Der leere Ton. Demoaufnahme feat. John Cage, 27. 1. 2023.
Remix by DJ WolfgangB in Planung.

52